n 14600.

n° 14600.

NOTICES NÉCROLOGIQUES

SUR

F.-A.-J. DE MONTÈGRE,

Docteur en médecine de la Faculté de Paris,

NÉ A BELLEY, DÉPARTEMENT DE L'AIN,

LE 6 MAI ~~1857~~; *1779*

DÉCÉDÉ AU PORT AU PRINCE

LE 4 SEPTEMBRE 1818.

CLERMONT-FERRAND,

IMPRIMERIE DE THIBAUD-LANDRIOT FRÈRES, LIBRAIRES,
RUE SAINT-GENÈS, 10.

1854.

AUX MANES

D'ANTOINE-FRANÇOIS-JENIN DE MONTÈGRE,

Docteur en médecine de la faculté de Paris,

NÉ A BELLEY, DÉPARTEMENT DE L'AIN,

LE 6 MAI 1779;

DÉCÉDÉ AU PORT AU PRINCE

Le 4 Septembre 1818.

Une mort prématurée a frappé l'homme de bien, au milieu de sa philanthropique carrière. Victime du plus noble dévouement, il allait répandre un bienfait nouveau sous un ciel étranger, et il succombe. On apprend à la fois et ses premiers succès et sa fin déplorable. De nombreux amis entourent sa veuve désolée et ses jeunes enfants : on voit, dans ce douloureux instant, que de Montègre ne pouvait être aimé à demi. Tendre époux, bon père, ami dévoué, consolateur et soutien de l'infortune, associé à toutes les entreprises utiles, médecin distingué et bien connu du pauvre, écrivain remarquable par ses lumières comme par le but de ses travaux, Montègre a laissé des souvenirs à la reconnaissance, à l'amitié, et des monuments qui portent l'empreinte du génie et d'une âme ardente pour tout ce qui est grand et généreux.

En publiant de nouveau un écrit qui lui a valu les plus honorables suffrages, qui a été jugé par ses collègues éminemment utile, nous pourrions offrir ici au lecteur l'histoire de la vie de Montègre, car les exemples de vertu, de générosité, de désintéressement sont bien placés partout, et ne sont pas si communs qu'on ne doive les recueillir avec empressement. Ce serait à la fois un hommage rendu à la mémoire de l'homme de bien, et une belle leçon offerte aux jeunes lecteurs qui se disposent à suivre l'honorable carrière dans laquelle de Montègre s'est distingué ; mais cet hommage sera plus digne de lui, cette leçon sera plus frappante et plus utile encore si nous laissons parler les hommes qui, de toutes parts, depuis Saint-Domingue jusque chez nous, ont fait entendre des regrets, ont versé des pleurs sur la perte de cet ami de l'humanité. Son nom a retenti au milieu de toutes les assemblées réunies pour faire du bien aux hommes. Nous avons recueilli ces expressions éparses de douleur et d'honorables éloges ; puissent-elles être une consolation pour la veuve d'un époux tendrement aimé, et un noble et respectable motif d'émulation pour ses enfants ! Puissent-elles surtout enseigner à d'autres à mériter de semblables témoignages, de semblables regrets !

NOTICE NÉCROLOGIQUE

Sur M. de MONTÈGRE, docteur-médecin;

PAR M. COLOMBEL,

Secrétaire particulier de Son Excellence le Président d'Haïty.

(Extrait de l'Abeille Haïtienne, imprimée au Port-au-Prince. — N° 5; IIe année, le 1er octobre 1818.)

L'homme qui, mu par un sentiment de philanthropie, consacre ses veilles et ses talents à des travaux d'utilité publique, et qui n'attend d'autre récompense de ses peines que cette satisfaction intérieure qu'on ressent après avoir fait le bien, a des droits sans doute à l'estime et aux éloges de ses contemporains et de la postérité ; mais combien n'en mérite pas celui qui, brûlant du désir de se rendre utile à ses semblables, n'écoutant que le zèle qui l'enflamme, quitte tout à coup sa patrie, où des succès non interrompus dans les sciences lui avaient acquis une juste célébrité, renonce à d'anciennes et douces habitudes, contractées dans un séjour de délices, s'arrache du sein d'une famille chérie, traverse les mers et expose ses jours pour satisfaire au besoin que son cœur éprouve d'atteindre ce louable but. Le désir de couronner d'honorables travaux par une aussi glorieuse entreprise, un si noble et si généreux dévouement, sont assurément dignes d'admiration ; et il est consolant de voir les lumières du siècle, de concert avec la philanthropie, étendre chaque jour davantage l'empire de ses sentiments , et faire justice des doctrines absurdes qu'une odieuse cupidité a inventées pour dégrader l'homme.

S'il est consolant de voir que l'époque actuelle porte avec elle de grands sujets d'espérance pour l'avenir, il ne l'est pas moins, pour nous particulièrement , d'avoir à faire connaître que c'est dans ces mêmes sentiments que nous venons de retracer, que feu M. de Montègre (de son vivant, membre de la faculté de médecine de Paris et de plusieurs sociétés savantes) était venu en ce pays. Jaloux d'associer son nom à ceux de ces philanthropes éclairés à qui l'humanité est si redevable , par cela même qu'ils n'ont cessé de plaider au tribunal de la raison la cause sacrée des opprimés, son intention, en se rendant ici, était d'établir, sous les auspices du gouvernement, une école de médecine, et de contribuer, par tous les moyens qui auraient dépendu de lui, au perfectionnement de nos connaissances, tant dans les arts de l'esprit et de l'imagination , que dans les arts industriels qui peuvent s'appliquer à nos localités et se concilier avec nos institutions. Mais , hélas ! à peine arrivé parmi nous, il tombe malade ; une fièvre maligne le saisit : peu de jours après, la mort le ravit à nos espérances , et il ne nous reste plus de cet homme de bien que le souvenir reconnaissant de l'excellence de son âme et des services qu'il voulait rendre, en coopérant à répandre les lumières sur notre patrie , et à y nationaliser le goût de toutes espèces d'études. Ce savant estimable a vu la mort s'approcher avec toute la résignation et toute la fermeté que donnent la philosophie et le témoignage d'une conscience exempte de reproches. C'est dans ce calme de l'âme qui caractérise le juste, l'homme vertueux, qu'il a rendu le dernier soupir. Les sciences, qui lui sont redevables à tant d'égards, doivent déplorer sa perte.

Nous sentons trop combien elle est grande pour nous, pour
ne pas la déplorer aussi du fond de notre âme. Mais combien
n'affligera-t-elle pas ses amis! ceux qui lui tiennent par les
liens du sang, ceux qui ont pu jouir des agréments de sa société et apprécier toutes les qualités qui le distinguaient!
Puissent les larmes que nous mêlons aux leurs, et l'expres-
sion des regrets que nous déposons ici, leur offrir quelque
consolation!

Nous n'avons voulu, dans cette courte notice sur feu
M. de Montègre, que payer un dernier tribut d'admiration
et de reconnaissance à sa mémoire, et consacrer les sentiments que ses vertus nous ont inspirés. Cette triste circons-
tance servira aussi à prouver que, si nous savons a repousser
les injustes agressions de nos détracteurs, et nous tenir en
garde contre le charlatanisme de certains faux docteurs qui
ont cru trouver en nous une puérile crédulité, nous savons
aussi rendre hommage au véritable mérite et aux intentions
pures.

Nous n'avons jamais eu l'avantage de connaître l'habile médecin qu'une mort prématurée vient d'enlever à la société
et aux sciences autrement que par quelques-uns de ses écrits;
nous ne pourrons, par conséquent, rapporter ici les particulari-
tés intéressantes de sa vie. Tout ce que nous savons à cet égard,
c'est que, jeune encore, il parcourut avec honneur la carrière des armes, et qu'il ne l'abandonna que pour se livrer à
son goût dominant, à l'étude des sciences naturelles, et prin-
cipalement à celle de la médecine. Les progrès qu'il fit dans
cette carrière durent être rapides, car, avant l'âge de trente
ans, il s'était fait connaître dans le monde savant par plusieurs ouvrages, dans lesquels une vaste érudition est jointe
à une critique judicieuse et à une finesse de tact et d'observations peu communes. A peu près à la même époque, il s'é-

tait chargé de la rédaction de la *Gazette de santé*, de Paris,
qu'il a continuée, du moins nous le pensons, jusqu'au moment où il a quitté sa patrie pour venir apporter ses lumières dans la nôtre. Étrangers à l'art de guérir, nous ne nous
permettrons pas d'énoncer notre jugement sur le mérite médical des ouvrages de M. de Montègre; nous ferons remar-
quer seulement qu'ils sont rédigés dans un style clair, facile
et élégant, et portent tous une teinte de philosophie qui fait
oublier la sécheresse du sujet, et en rend la lecture instruc-
tive et agréable à tout le monde. Le traité que ce savant a
donné sur le magnétisme animal, et les nombreux articles
dont il a enrichi le *Dictionnaire des Sciences médicales*,
nous semblent justifier plus particulièrement cette opinion.

Peu de jours avant de payer le tribut à la nature, M. de
Montègre avait eu plusieurs entrevues avec S. E. le président d'Haïti, dans lesquelles il lui avait communiqué ses
idées relativement à l'établissement qu'il se proposait de former au Port-au-Prince, et lui avait remis l'aperçu d'un plan à
ce sujet. Ce plan, qui renferme les vues les plus sages, n'était
que le préliminaire des mémoires détaillés qu'il voulait
fournir sur ce sujet, pour donner plus de développement à
ses vues. Nous ne saurions trop regretter de ne pas avoir ces
mémoires. De quelque utilité qu'ils eussent pu être pour
nous, nous devons dire cependant qu'ils n'étaient pas néces-
saires pour faire sentir au président toute l'importance de
l'établissement médical dont il s'agit : il en avait suffisam-
ment reconnu les avantages dans les entretiens qu'il avait
eus avec feu M. de Montègre, et il lui avait promis de lui
faciliter de toute manière l'exécution de ses projets. Le mérite de ce savant n'avait pu échapper à la pénétration de S. E.;
l'accueil obligeant qu'elle s'était plu à lui faire, et les
regrets sincères que la perte de cet homme recommandable

luj a causés, prouvent qu'elle sait apprécier et honorer le savoir et la vertu. Espérons que le dévouement philanthropique de feu M. de Montègre excitera celui de quelqu'autre ami de l'humanité, en possession, comme lui, de talents distingués, et qu'un jour nous aurons l'avantage d'avoir un établissement national, où la jeunesse haïtienne pourra s'instruire dans les différentes branches des connaissances humaines. Nous sommes du moins bien convaincus que le chef qui préside à nos destinées, toujours animé du désir de faire tout ce qui peut contribuer au bonheur et à la prospérité de son pays, et pensant que le plus prompt et le plus sûr moyen d'y parvenir est de faire fleurir les sciences et les arts sur notre sol, et d'adopter les institutions qui peuvent nous élever au niveau de la civilisation actuelle, ne négligera rien de ce qui pourra amener cet heureux état de choses.

NOTICE

SUR FEU **M.** LE DOCTEUR DE **MONTÈGRE**,

*Lue au conseil d'administration de la société, pour l'enseignement
élémentaire, le 22 décembre 1818,*

Par M. JOMARD,

Membre de l'Institut, l'un des secrétaires du conseil.

(Extrait du Journal d'Education. — Décembre 1818.)

A peine étions-nous occupés d'élever un monument de
reconnaissance et de respect à la mémoire du respectable
abbé Gaultier, qu'une calamité nouvelle est venue nous
ravir un autre collègue, dont le dévouement et les services
ont tant contribué au succès de notre institution. Quel
homme fut plus généreux, plus chaud ami de l'humanité,
que Félix Jenin de Montègre, docteur en médecine, qui
vient d'être, à trente-neuf ans, enlevé à la société, aux
sciences et à l'art médical? Quelle carrière de philanthropie
ne devait pas parcourir encore un homme qui, à la fleur de
l'âge, avait donné tant de preuves d'un zèle pur et ardent
pour toutes les améliorations sociales? Sa fin malheureuse
est une preuve de plus des sentiments généreux qui l'ont
constamment animé. Il y a six mois que, méditant de nouveaux services en faveur de l'humanité souffrante, il prit
congé de nous. Espérant mettre à profit les circonstances où
il allait se placer, pour répandre les bienfaits de l'éducation

populaire dans les anciennes possessions françaises du conti-
nent américain, et les faire jouir des lumières de la médecine européenne, il reçut de nous des instructions et des
lettres où étaient rappelés les services qu'il nous avait rendus. A peine avait-il touché Saint-Domingue, et déjà, pré-
cédé par une honorable réputation, il avait inspiré des sentiments de la plus haute confiance et d'une grande estime aux
autorités du pays. Tout faisait présager que notre collègue
réussirait dans son entreprise favorite, celle qui consistait à
créer un établissement d'instruction ; car il était, comme
vous tous, Messieurs, profondément imbu de cette pensée,
que l'instruction primaire est la base de toute organisation
sociale ; que c'est à la fois une obligation des gouvernements
envers les peuples, et une garantie réciproque des uns à
l'égard des autres. S'il eût accompli ce généreux dessein, il
rattachait les habitants de la partie française de Saint-Domingue à leur ancienne mère-patrie. Qui sait l'influence
qu'un pareil établissement eût pu exercer par la suite sur
des relations naturelles, et qui se rouvriront tôt ou tard, à
l'avantage commun de la colonie et de la métropole ? Jenin
de Montègre songeait surtout à transporter les pratiques
d'une médecine éclairée dans une contrée qui n'est peut-
être si meurtrière que parce qu'elle a manqué d'un assez
grand nombre de médecins courageux pour observer les maladies régnantes et braver les périls de la contagion.

Qui n'applaudirait à ce noble dévouement de la part d'un
homme fait pour jouir, au milieu de son pays et de sa famille, de tout le bonheur que l'on peut goûter ici-bas ; la
félicité domestique, les douceurs de l'amitié, les succès atta-
chés à l'estime et à la considération publique ? En effet, il
avait cultivé la littérature comme les sciences. Des amis
éclairés, juges de toutes les productions de l'esprit, avaient

applaudi à ses essais littéraires, à la facilité de son imagination, tandis que d'un autre côté, l'Institut approuvait ses
belles expériences physiologiques sur la digestion ; expériences d'autant plus recommandables, qu'il avait eu le courage
de les faire sur lui-même, aux dépens de sa santé.

Il ne m'appartient pas d'apprécier la perte que fait la médecine dans la personne de M. de Montègre. Ses confrères
sauront rappeler les titres qu'il possédait, soit comme colla-
borateur du *Dictionnaire des Sciences médicales*, soit comme
rédacteur de la *Gazette de Santé*. Mais, ce dernier ouvrage
n'est pas tellement étranger aux vues qui nous réunissent,
que nous ne puissions exprimer ici le regret qu'un homme
aussi vraiment bon ; aussi dévoué à la cause du malheur et
au soulagement de l'indigence, ne puisse plus concourir à
cette utile entreprise. Combien de fois n'a-t-il pas montré
dans cette publication périodique les nobles sentiments dont
il était animé? Des observations médicales et en apparence
purement scientifiques, prenaient sous sa plume un intérêt
touchant. Il savait attacher à cette lecture tout être sensible
et humain.

En parcourant ces pages dictées par une philanthropie désintéressée, on n'est plus surpris de la chaleur avec laquelle
il a embrassé, dès l'origine, la cause de l'instruction populaire. Son zèle pour cette grande entreprise avait reçu sa récompense ; la société des écoles britanniques et étrangères
venait de lui décerner le titre de membre associé étranger ;
mais il n'a pu en jouir. Ce sera pour nous tous un souvenir
funeste que la perte de ce digne collègue, arrivée presque
dans le même temps que la déplorable fin de l'abbé Gaultier,
puisque tous deux ils ont dirigé ou partagé nos premiers ef-
forts, et que tous deux étaient animés des mêmes sentiments
d'humanité. Le trait qui a terminé la vie du malheureux

ami que nous pleurons en est une nouvelle preuve : qu'il me soit permis de le citer dans ces courtes lignes consacrées à l'amitié. Montègre, en se rendant au Port-au-Prince, aperçoit dans une rivière une femme à cheval, entraînée par le courant, et près de se noyer. Sans délibérer, il se précipite, et parvient à sauver l'infortunée d'une mort certaine. Bientôt il tombe·malade, et quatre jours après, le 5 septembre 1818, il avait cessé de vivre.

EXTRAIT

De la Gazette de santé rédigée pendant l'absence du docteur DE MONTÈGRE *, par M. le docteur* DE VILLENEUVE.

A peine avions-nous tracé les dernières lignes de ce premier article, que nous avons été frappés par l'affreuse nouvelle de la mort de notre confrère qui, jusqu'à l'époque où il nous confia la rédaction de ce Journal, y avait répandu tant de lumières, et fait briller un esprit orné d'un savoir si étendu et si varié.

Sa famille le pleure ; ses nombreux amis sont profondément affligés de sa perte ; ses confrères, oui, tous ses confrères le regrettent sincèrement, ce qui fait à la fois l'éloge de son cœur, de son mérite et de ses connaissances.

Depuis le moment où il quitta la capitale, jusqu'à celui où le bruit de sa mort est venu faire couler tant de larmes, et causer tant de regrets, on a formé d'autant plus de conjectures sur son voyage secret, qu'aucun motif apparent n'en laissait entrevoir, ni la direction ni le but. Nous ne récapi-

tulerons point, ici, ces conjectures, ni les ridicules supposi-
tions auxquelles a donné lieu son silence dans cette circons-
tance, nous nous hâterons de dévoiler le mystère; de Montègre voulut aller servir en grand la cause de l'humanité, et
cela par sa seule profession.

Depuis longtemps notre malheureux collègue, affligé des
ravages que tant de funestes maladies exercent sur le con-
tinent américain, conçut le hardi et noble projet de porter
dans cette vaste et précieuse partie du monde les lumières
de la médecine européenne; d'y former un collége de médecine, et d'y établir une sorte de colonie de médecins. A l'aide
du concours des lumières qui en seraient résultées, les localités étant mieux connues, les maladies endémiques et épi-
démiques mieux étudiées, les moyens de s'en préserver et
de les combattre mieux déterminés, il espérait voir bannis
de ces contrées lointaines les fléaux sous lesquels succombent
tant d'indigènes, tant d'Européens, victimes surtout de la
fièvre jaune, cette affreuse rivale de la peste.

Déjà son noble projet est accueilli de ceux qui commandent à Saint-Domingue où il avait débarqué. A ce premier
succès, sa belle âme s'épanouit délicieusement, et c'est avec
l'enthousiasme d'un vainqueur, mêlé aux accents de la tendre amitié, qu'il rend compte de ses premières tentatives à
ceux qui avaient tant de titres pour s'opposer à son entreprise (1).

---

(1) M. de Montègre était père de trois enfants, deux fils et une fille. C'est dans
les devoirs qu'impose cette famille à la plus vertueuse des mères, qu'elle a
trouvé la force de survivre à un époux adoré. Ses enfants groupés sur le sein de
leur mère, l'ont entendu mêler aux expressions de sa vive douleur, cette pro-
messe solennelle : *Non, mes enfants. je ne mourrai pas!...* Vertueuse épouse,
tendre mère, que le ciel accomplisse ton engagement sacré!

Jaloux de connaître promptement le pays qu'il se flatte en quelque sorte d'envahir sur la mort, il excède la mesure des forces humaines, et ne tarde pas à contracter une maladie inflammatoire à laquelle il succombe dans les bras des nouveaux amis, que lui avaient attirés son dévoement et son zèle infatigable.

Ainsi mourut, dans sa trente-huitième année, le médecin, le philanthrope dont le nom se rattache à la plus grande entreprise et à la plus belle invention du siècle, nous voulons dire au dictionnaire des sciences médicales et à l'enseignement mutuel ; celui dont le nom est dans la bouche de tant de malheureux dont il se glorifiait d'être le médecin, et qui trouvèrent toujours en lui un consolateur et souvent un ami bienfaisant.

Mais ce n'est point à nous de faire à la hâte l'éloge de celui dont la vaste conception fixe en ce moment l'attention, non-seulement du monde médical, mais encore de l'universalité de ceux qui sont doués de quelque sentiment d'humanité. Espérons qu'un confrère mieux informé et infailliblement plus habile que nous, fera connaître plus intimement celui qui voulait fixer la santé dans un monde où tant d'autres ont porté la mort.

Post-scriptum. — Le nom de Montègre appartient désormais aux fastes de l'humanité ; elle réclame tous les traits d'une vie remplie par les nobles inspirations d'un cœur grand et généreux. En attendant qu'ils puissent être recueillis, nous sentons l'obligation de transmettre aux nombreux amis du docteur Montègre tout ce que nous avons appris sur un événement qui excite de toutes parts de si vifs regrets. Voici quelques détails parvenus trop tard à notre connaissance, pour qu'ils aient pu être communiqués à M. de Villeneuve.

Nous transcrivons, autant que le permet l'espace qui nous reste, différents passages des lettres qui nous ont été adressées par un homme devenu l'ami de Montègre, et avec lequel sa famille et ses amis ont contracté les plus hautes obligations. Arrivé au Hâvre depuis peu de jours et près d'en partir, il a consacré tout le temps dont il peut disposer à honorer la mémoire de l'ami dont il a reçu le dernir soupir et les dernières volontés.

Du Hâvre, le 20 *décembre.* — « J'exécute les dernières volontés de M. de Montègre, en vous adressant les pièces ci-jointes, parmi lesquelles se trouve son extrait mortuaire. Dans peu de jours il a disparu comme un rayon lumineux ; il n'a laissé après lui que des traces brillantes.....

Du 27 *décembre.* — « Le docteur de Montègre était un des chefs-d'œuvre de la nature... Il est tombé, je l'ai pleuré, et mes pleurs ne sauraient cesser en vous traçant ceci. Aussitôt que sa maladie a commencé, je ne l'ai plus quitté..... Il a vu sa mort inévitable..... Il ne cessait de me nommer son épouse et ses enfants, et de m'entretenir de sa famille...

Du 28 *décembre.* — « M. de Montègre a débarqué à Jacquemel, où se trouvait le Président de la République. On a coutume de lui présenter tous les étrangers qui arrivent. De Montègre lui plut beaucoup. Il l'entretint longtemps de ses projets et des institutions bienfaisantes dont il avait conçu le plan. Le Président, alors en tournée, finit par le prier de se rendre à la capitale. Il prit des chevaux avec deux autres individus. A moitié de la route, il fut en danger de se noyer en passant un fleuve. Un cheval très-chargé, avec une femme par-dessus le butin, était entraîné par le courant : il l'aperçoit, se jette à la nage, et après beaucoup de peine, il parvient à amener le tout au rivage... Il faut peu de chose dans nos climats pour causer la mort; et peut-être cet acte d'humanité en a-t-il été le prélude pour lui.

Aussitôt qu'il se vit à ses derniers moments, c'est à vous qu'il m'ordonna d'écrire...

Le Président envoyait tous les jours son premier aide-de-camp pour connaître son état.

J'ai effectué tout ce qu'il m'a ordonné. Je l'aimais comme mon père. Son cœur est déposé dans un vase rempli d'esprit de vin...

J'ai écrit sous sa dictée, peu avant sa mort, une lettre au Président, dans laquelle il le remercie du bon accueil qu'il a reçu, et lui exprime ses regrets d'être arrêté par la mort dans l'exécution des projets qu'il avait conçus pour le bien de l'humanité. Cette lettre il l'a signée.....

Nous n'ajouterons rien à ces détails affligeants, mais chers à l'amitié. Il était dans la destinée de l'ami que nous pleurons, d'être aimé partout et de marquer partout sa présence par des bienfaits. En mourant, il a trouvé dans les témoignages d'une conscience pure, le prix d'une vie généreusement employée à faire tout le bien dont il était capable. Dans ses derniers moments, sa pensée s'est fixée sur sa famille, mais sans effroi; s'il a vu avec douleur ce qui manquerait après sa mort à une épouse adorée, il a vu avec confiance quelle mère il restait à ses enfants.   L. D. C.

EXTRAIT

DU JOURNAL DES DÉBATS, DU 2 JANVIER 1819;

PAR M. CHARLES NODIER.

Les journaux annoncent depuis quelques jours la mort de M. Jenin de Montègre, que nous venons de perdre à l'île de Saint-Domingue, où il s'était rendu dans le dessein de fonder une école de médecine. Ainsi, sa dernière démarche, celle qui lui a coûté la vie, était encore une action généreuse, un titre à l'estime et à la reconnaissance des hommes.

Le nom de Montègre sera honorablement consacré par l'histoire littéraire. La rédaction longtemps continuée de la *Gazette de Santé*, une coopération active et distinguée au *Dictionnaire des Sciences médicales*, et d'excellentes dissertations sur différentes questions de physiologie, recommanderont sa mémoire à tous ceux qui savent apprécier les services que le talent a rendus à l'humanité. Il ne peut pas être de mon intention d'entrer dans ces détails sur Montègre. Je les laisse à une plume plus habile, et surtout à un cœur moins préoccupé de sa perte.

Montègre était dans la force, dans l'éclat de son âge. Son âme ardente était ouverte à toutes les émotions généreuses. Son esprit vif, entreprenant et mobile était propre à tous les genres d'étude et l'appelait à tous les genres de gloire. Personne n'avait reçu de la nature une sensibilité plus profonde, et ne s'était acquis par le travail des connaissances plus nombreuses et plus variées. Brillant dans le monde de tous les avantages que donne le hasard, et parmi les savants de tous ceux que donne l'instruction, c'était à la fois un homme aimable, un homme éminent, qui promettait peut-être un grand homme, et un homme excellent dont le cœur valait mieux encore que le génie.

Sa vie a été courte. Elle laissera un long souvenir à ceux qui l'ont connu. Elle ne laissera à personne un souvenir plus amer qu'à moi, qui ai eu le malheur de le perdre deux fois. Séparé de lui par de misérables différends indignes d'altérer un moment l'intelligence de deux êtres raisonnables, j'éprouve l'affreux regret de me sentir éloigné de son tombeau de tout le diamètre de la terre sans avoir confondu mes regrets avec les siens, et recueilli ses derniers adieux.

Puissent du moins ceux que je lui adresse, parvenir jusqu'à lui, et me réconcilier sa tendresse dans un meilleur monde !   CH. NODIER.

EXTRAIT

DU JOURNAL DU COMMERCE DU 2 JANVIER 1819.

Entraîné par le désir d'avancer son art par les plus nobles sentiments , M. de Montègre, docteur en médecine, s'était rendu l'été dernier en Amérique. Il avait le projet d'observer de nouveau la fièvre jaune ; et il se préparait à faire une abondante récolte d'observations de médecine, de physiologie et d'histoire naturelle. Tous ceux qui l'ont connu savent avec quel enthousiasme il embrassait les améliorations en tout genre, et combien son imagination ardente aimait à devancer les progrès des sciences. On devait attendre d'un homme aussi éclairé, aussi entreprenant, et dans toute la force de l'âge, plus d'une découverte , plus d'un résultat

grand et utile; mais une courte maladie l'a moissonné avant
l'âge, peu de temps après son arrivée au Port-au-Prince.

Il n'avait pas 36 ans, et déjà il s'était fait connaître par
ses belles expériences physiologiques sur la digestion, expériences qu'il eut le courage de faire sur lui-même, et qui
obtinrent le suffrage de l'Institut; par la *Gazette de Santé*
qu'il rédigeait depuis 1810; par ses Mémoires pour la société
philomatique; par une foule d'articles importants du *Dictionnaire des Sciences médicales*, et notamment par un *Traité
des Hémorroïdes;* enfin par d'autres écrits qu'il appartient
aux médecins de recommander à l'attention publique. En-
nemi irréconciliable et inflexible des préjugés et des erreurs,
il avait livré une guerre implacable au magnétisme, et dans
des articles pleins de force et d'esprit, il avait porté en effet
des coups mortels à ce prétendu système, qu'il regardait
comme une rêverie de visionnaire; aussi les magnétiseurs
ne l'ont-ils pas ménagé.

Comme il était passionné pour les entreprises généreuses,
et sincère ami de son pays, il entra l'un des premiers dans
l'association formée en 1815 pour régénérer l'instruction
populaire par la méthode de l'enseignement mutuel, et qui
a triomphé de tous les obstacles.

M. de Montègre avait l'esprit très-orné, et la mémoire
pleine de morceaux choisis de nos prosateurs et de nos poètes
les plus fameux; il faisait même des vers qui ne manquaient
ni de force, ni de grâce, et il avait commencé un poëme de
longue haleine. Personne n'a été ni plus généreux bienfaiteur, ni ami plus dévoué, ni plus ardent défenseur des
droits de l'humanité. La perte que fait sa famille est déplorable; les savants et le public regretteront aussi un homme
qui a péri victime d'un rare dévouement pour les progrès
de l'art médical.

NOTICE NÉCROLOGIQUE

SUR FEU ANTOINE-FRANÇOIS-JENIN DE MONTÈGRE,

PAR M. DE JOUY,

Membre de l'Institut Royal de France.

(Extrait de la Minerve Française. — Janvier 1819.)

Un homme de bien, doué de grands talents, un philosophe ami de l'humanité mourant à la fleur de l'âge sur un rivage étranger où l'avait conduit la plus noble des ambitions, celle d'être utile à ses semblables ; un tel homme est digne des regrets publics dont l'amitié se rend l'interprète. L'un des collaborateurs les plus distingués du *Dictionnaire des Sciences médicales*, M. de Montègre, à peine âgé de trente-huit ans, est mort au Port-au-Prince, dans l'île de Saint-Domingue, le 4 septembre dernier. Heureux et considéré dans sa patrie, ce médecin philanthrope était profondément affligé des ravages que l'épidémie connue sous le nom de *fièvre jaune*, exerçait en Amérique. Frappé de l'idée qu'en étudiant sur les lieux mêmes le caractère et les symptômes de cette terrible maladie, on pourrait en trouver le remède, ou du moins en affaiblir la contagion, rien ne put le détourner d'un projet de voyage médité depuis deux ans, et qui avait pour but de former des institutions propres à perpétuer sur une terre ennemie le bien qu'il avait l'espoir d'y faire. A la voix impérieuse de la science et de l'humanité, le meilleur des pères et des époux quitte son épouse et sa famille; à peine a-t-il touché le sol fatal de Saint-Domingue; à peine a-t-il fait part de ses généreux desseins au chef de l'Etat, qui l'accueille avec intérêt et distinction, qu'une fièvre inflammatoire termine en peu de jours une carrière où il entrait avec de si nobles et de si justes espérances.

Il est des hommes dont les pensées et les sentiments ne s'étendent point au delà du petit cercle d'affections dont ils se font le centre; ceux-là s'élèveront sans doute contre une entreprise conçue dans des vues aussi élevées; qu'importe! ce n'est point pour mériter l'estime de pareils hommes que le docteur Montègre a vécu, et sa mémoire n'a pas besoin de leurs regrets.   E. J.

EXTRAIT

DU JOURNAL DU COMMERCE DU 15 FÉVRIER 1819.

C'est un noble spectacle que celui d'un homme de bien qui conçoit et se détermine à exécuter, au prix de tant de dangers une résolution semblable à celle du docteur de Montègre. C'est en même temps un sujet de réflexions profondes pour l'observateur attentif que l'accueil fait à un savant par le Président d'Haïti, par le chef d'une population si en arrière des connaissances humaines. Ainsi donc, ceux mêmes qui commandent en maîtres absolus à des hommes encore barbares sous tant de rapports, sentent qu'il faut penser à la prospérité des peuples pour retenir le pouvoir, et que les bienfaits de la civilisation sont la sauve-garde la plus sûre de ceux qui gouvernent.

NOTICE NÉCROLOGIQUE

SUR M. LE DOCTEUR DE MONTÈGRE,

PAR M. J.-J. VIREY.

(Journal de Pharmacie. — Mars 1819.)

Antoine-François-Jenin de Montègre était né en 1779, à Belley, dans l'ancien Bugey, aujourd'hui le département de l'Ain. Une jeunesse vive et ardente, un caractère généreux, firent éclore dans son âme, surtout à l'aurore de la liberté française, des sentiments élevés, l'espoir de s'illustrer par son propre mérite et les dons naturels de l'esprit et du corps. Il avait reçu une merveilleuse facilité pour apprendre presque tout sans effort; et quelque carrière qu'il eût parcourue, il s'y serait créé une renommée.

Après ses études, ses jeunes années furent consacrées aux armes; car il ne manqua jamais où l'honneur appelait les Français à soutenir l'indépendance de leur patrie. Toutefois les brillantes dispositions de son esprit pour l'étude et l'observation lui traçaient une destinée; il convenait plus à son cœur d'apprendre l'art de conserver les hommes que celui de les détruire.

Honoré du titre de médecin, et digne de l'être par son savoir, on le vit préférer de soulager le pauvre au riche, par ce noble instinct des belles âmes qui placent toujours la générosité où d'autres ne cherchent que la fortune. Il méritait une femme capable de s'associer à de tels sentiments; il obtint avec elle le bonheur, assez de fortune et des enfants.

Ses travaux littéraires sont nombreux, mais épars. Rédacteur de la *Gazette de Santé*, depuis 1810, auteur de belles expériences sur la digestion, répétées sur lui-même ; de Recherches anatomiques sur les vers; d'une multitude d'articles savants dans le *Dictionnaire des Sciences médicales*, le docteur de Montègre marchait à la réputation, à la gloire. Ardent ami de son pays, comme de l'humanité, il s'enflammait surtout d'enthousiasme pour les découvertes qui tendent au bonheur du genre humain : c'est ainsi qu'il se montra un zélé propagateur de l'enseignement mutuel et de toutes les connaissances utiles. Son cœur, avide de satisfaire au besoin de la bienfaisance, lui inspira son propre malheur. Le docteur de Montègre voulut voir ces beaux climats où la renommée publiait qu'une nouvelle génération d'hommes naissait à la civilisation comme à la liberté. Il voulait aussi tendre une main secourable à cette race si maltraitée des nègres et si calomniée, que la philosophie en avait presque désespéré. Il leur portait, avec les lumières de la vieille Europe, l'espoir de les soustraire au fléau des plus terribles maladies. Déjà le président de la République d'Haïti (ou d'une partie de Saint-Domingue), Boyer, avait accueilli de si honorables projets, lorsque des fatigues excessives causées par le désir de voir et de connaître, jointes à la chaleur meurtrière du climat, causèrent au docteur de Montègre une fièvre violente et maligne. Moissonné en peu de jours, au milieu des plus brillantes espérances, abandonnant à jamais sa famille et sa patrie, il leur légua son cœur et ses derniers soupirs. Il mourut, le 5 septembre 1818, au Port-au-Prince, et sa perte y fut publiquement déplorée (1). Le coup douloureux en a été ressenti en France, par ses nombreux amis; car la mémoire d'un homme aussi estimable que bon et généreux ne sera pas oubliée.

NÉCROLOGIE

SUR LE DOCTEUR DE MONTÈGRE,

Par M. BROUSSAIS.

(Extrait du Journal Universel des Sciences Médicales, no 39. — Mars 1819.)

Antoine-François Jenin de Montègre, natif de Belley, département de l'Ain, vient de terminer une carrière qui promettait à la science et à l'humanité des services importants, dont elles avaient déjà des gages assurés. Né avec une facilité prodigieuse pour tout apprendre, il était aussi doué d'une âme ardente, animée par les sentiments de la plus pure philanthropie. Ce fut moins le désir de s'illustrer, que l'espoir de concourir au bien public, qui le porta, jeune encore et tout à fait inconnu dans le monde littéraire, à se charger de la *Gazette de santé*. Ce journal, entièrement dégénéré, n'était plus qu'un arsenal de recettes populaires, un répertoire de cosmétiques, un fatras d'explications ridicules et de théo-

(1) Dans le Journal, *l'Abeille Haïtienne*, no 5, IIe année, le 1er octobre 1818. Par M. Colombel, secrétaire particulier de S. Exc. le président d'Haïti.

ries humorales dans le genre des femmelettes et des demi-
savants qui se piquent de notions médicales. Notre jeune
auteur entreprend de le rendre au bon goût; il y parle le
langage sévère des sciences naturelles, il y discute avec su-
périorité les questions les plus importantes de médecine, de
physique, d'économie rurale domestique, et le nombre des
abonnés s'accroît de jour en jour. L'auteur a bientôt la satisfaction d'y voir souscrire une foule de savants et d'hommes
de lettres les plus distingués; mais ce qui flatte le plus
agréablement son amour-propre, c'est d'y compter un nombre encore plus considérable de ses confrères; alors des rapports mutuels s'établissent entre de Montègre et les person-
nages les plus respectables ; la confiance du public s'annonce
par des consultations qui lui arrivent de toutes parts : les
sociétés savantes s'empressent d'ouvrir leur sein au médecin instruit, à l'homme actif et laborieux, à l'ami de tout ce
qui est bon et utile. En un mot, de Montègre a déjà pris
place au rang des médecins distingués de notre siècle.

Néanmoins, la rédaction de son journal était loin d'absor-
ber tous ses instants; il fallait d'autres aliments à son acti-
vité, et la flexibilité de son talent le rendait propre à plus
d'un genre de travail. Nous lui devons des expériences cu-
rieuses, et dont il fut lui-même le sujet, sur les altérations
que subissent les aliments aux différentes époques de la digestion. Il a composé, sur les lombrics terrestres, un mémoire dont nos savants naturalistes ont tiré parti, en rendant
à l'auteur la justice qu'il méritait; mais c'est surtout dans
le *Dictionnaire des sciences médicales* que sont déposés les
titres qui donnent au docteur de Montègre les droits les plus
assurés à l'estime de la postérité.

En général, tous les articles qu'il a fournis à ce recueil se
distinguent par une diction naturelle, facile, harmonieuse et

pleine de traits saillants qui soutiennent l'attention du lecteur ; mais l'article *Convulsionnaires* réunit à ces avantages le développement d'une pensée profonde, et son influence sur les opinions des hommes sensés ne saurait être douteuse. Certes, je n'hésite pas à l'avancer, par les rapprochements lumineux dont cet article est rempli, par l'habileté avec laquelle l'auteur a su conduire ses lecteurs aux conclusions, il a fixé pour jamais nos idées sur le magnétisme, sur les prétendues possessions démoniaques, et sur les convulsions des fanatiques de toute espèce.

On vante, avec raison, l'article de notre confrère sur les hémorroïdes. On peut dire, sans crainte d'être accusé d'exagération, que c'est encore le traité le plus complet et le plus satisfaisant que l'on possède sur ce sujet. Notre auteur est, sans contredit, le premier qui, dans un traité ex-professo sur cette matière, ait fait une juste application de la physiologie à l'affection hémorroïdale, puisqu'il considère l'irritation locale des capillaires sanguins comme le phénomène fondamental de cette maladie, en lui subordonnant la tuméfaction, le suintement muqueux, l'hémorragie, la suppuration et toutes les dégénérescences qui peuvent survenir à la marge de l'anus par suite de la fluxion hémorroïdale.

Je n'ai pu qu'éprouver une bien vive satisfaction en retrouvant, dans cette théorie de mon savant ami, le développement de l'idée que j'avais exprimée dans l'*Examen de la doctrine médicale;* les hémorroïdes sont considérées par l'auteur, sous tous les rapports qu'elles peuvent présenter, et l'on doit cette justice à Montègre, qu'en faisant à ces maladies l'application de la doctrine généralement adoptée dans la célèbre école qui l'a formé, il a eu le bonheur d'y ajouter des vues nouvelles puisées dans la plus saine physiologie.

Déjà placé au rang des médecins célèbres de la France

avant d'avoir accompli son huitième lustre, jouissant d'une honnête aisance, environné de la confiance de ses concitoyens comme praticien éclairé, chéri de ses amis comme le meilleur des hommes, adoré de sa famille, le plus tendre des pères comme le plus sensible des époux; entouré des bénédictions d'une foule de malheureux qu'il a soustraits aux horreurs de l'indigence, que manque-t-il désormais à Montègre pour goûter une félicité parfaite? Chacun dira qu'il ne lui reste plus qu'à continuer d'être toujours lui-même, et à terminer, dans l'état de santé que lui promettait sa bonne constitution, une carrière si heureusement commencée. Cependant son cœur n'est pas rempli; assez d'autres, à son avis, pourront concourir à l'illustration de sa patrie. Il veut étendre ses bienfaits sur un peuple étranger, encore privé des influences salutaires des sciences naturelles: la république d'Haïti fait appel aux savants de toutes les classes. Notre philanthrope conçoit le projet d'y porter les lumières de la partie la plus éclairée de l'ancien monde. Il renonce au bonheur domestique, il s'arrache aux éloges les plus flatteurs, à ceux des hommes capables de l'apprécier; il ne voit plus dans les Haïtiens que des frères auxquels il doit le sacrifice de sa propre félicité.

De Montègre s'est éloigné, il a laissé sa famille en pleurs. A peine a-t-il respiré l'air embrasé de ces dangereux climats, qu'il tombe comme frappé de la foudre; mais le destin lui devait de mourir comme il avait vécu. C'est en effet au milieu des préparatifs trop hâtés d'un établissement qui devait illustrer la patrie que son cœur généreux venait d'associer à la sienne; c'est en se précipitant au milieu d'un torrent qui allait engloutir une infortunée privée de tout secours, et qu'il a eu le bonheur de soustraire à la mort, que Montègre a puisé le germe de la sienne. Il a rendu le dernier soupir, entouré des nouveaux amis qu'il s'était faits en un petit nombre de jours, et la sincérité de leurs regrets prouve assez qu'il est de l'essence de l'homme de bien d'être connu et apprécié presque aussitôt qu'on a le bonheur de le rencontrer.

De Montègre laisse une veuve inconsolable, que le ciel, qui voulait sa félicité, semblait avoir créée sur son modèle; il laisse trois enfants en bas âge, mais pourtant assez avancés pour se faire une idée de la perte qu'ils viennent de faire. Enfants dignes d'un tel père, ils donnent à ses amis l'espoir de retrouver en eux les talents qui le distinguèrent, et les vertus dont ils ont reçu les préceptes avec l'exemple.

Puisse le dévouement de mon ami trouver quelques imitateurs parmi les jeunes docteurs qui honorent aujourd'hui la médecine physiologique de l'école française! Il en est qui sont dignes de marcher sur ses traces; avertis par son désastre, ils seront sans doute plus heureux : ils apprendront à modérer cette ardeur impétueuse qui s'empare avec tant de facilité des Européens nouvellement arrivés dans les pays équatoriaux, et qui n'est pas toujours exempte de blâme, lors même qu'elle a pour objet le bien de l'humanité, puisqu'elle peut nous ôter les moyens de satisfaire une si noble passion.

NOTICE

Lue à l'Assemblée Générale de la Société pour l'Enseignement
élémentaire, tenue le 28 avril 1819,

Par M. de JUSSIEU.

Tandis que le respectable abbé Gaultier terminait, sous nos yeux, sa bienfaisante carrière, un autre de nos collégues nous était, au même instant, ravi sous un ciel étranger. Montègre ! homme excellent ! ami précieux ! âme ardente et généreuse ! quelles bonnes qualités ne furent point ton partage ! Distingué à l'âge de trente-huit ans dans une profession honorable, que nul n'exerça d'une manière plus libérale et plus désintéressée, c'était parmi ses intimes amis et parmi les pauvres qu'il rencontrait ceux auxquels il avait sauvé la vie. Non content de servir l'humanité par une seule voie, son nom venait s'associer à toutes les entreprises utiles, et vous savez avec quelle ardeur il partagea nos travaux. Il faisait le bonheur d'une épouse digne de lui ; il élevait trois enfants, auxquels il donnait, avec sa compagne, l'exemple de toutes les vertus domestiques et sociales. Entraîné par un zèle ardent, par un besoin impérieux d'être utile aux hommes, il part, il arrive sous le ciel brûlant [de Saint-Domingue ; il court affronter et combattre ce fléau, cette fièvre dépopulatrice dont il espère détruire les effets, en en recherchant les causes. Il veut plus : il a conçu le généreux projet de porter de nouvelles lumières, des institutions durables à des hommes qui naissent à la civilisation ; il veut leur apprendre à aimer une ancienne patrie qu'ils ont méconnue, et du sein de laquelle il leur arrive un bienfaiteur. Déjà le gouvernement d'Haïti avait approuvé ses plans , et l'avait environné d'honneurs et de marques de reconnaissance. Montègre revenait de Jacquemel à Port-au-Prince ; tout en sueur et sous un soleil brûlant, il traversait un fleuve. Une femme, entraînée par le courant, frappe ses regards. Est-ce Montègre qui eût balancé ? Il se jette à la nage, sauve cette malheureuse... Une bonne action serait-elle la cause de sa perte !... Dix jours après, il n'était plus.

A peine deux semaines s'étaient écoulées depuis son arrivée dans l'île, et déjà il y comptait des amis qui ont versé sur sa tombe des larmes sincères. On n'avait point encore vu, à Saint-Domingue, de funérailles qui présentassent un spectacle si honorable et si touchant. Eh ! dans quel lieu Montègre n'eût-il pas été aimé ? Quel est celui qui l'a connu et qui n'a pas désiré l'estime de cet homme de bien, l'amitié de ce cœur excellent ?

Déjà, dans cette enceinte , une voix plus éloquente que la mienne a fait entendre des regrets amers sur cette perte déchirante. O Montègre ! reçois aujourd'hui ce nouvel hommage ! mon cœur avait aussi quelques droits à te l'offrir !

Clermont, typ. de THIBAUD-LANDRIOT frères.

www.ingramcontent.com/pod-product-compliance
Ingram Content Group UK Ltd.
Pitfield, Milton Keynes, MK11 3LW, UK
UKHW022357120726
13694UKWH00005B/1922